AF454961

# REMARQUES

## *SUR LA CONDUITE*

## DU SIEUR MESMER,

### *DE SON COMMIS LE P. HERVIER,*

### ET DE SES AUTRES ADHÉRENTS ;

*Où l'on tâche de venger la Médecine de leurs outrages.*

A Messieurs ***

Par M. J. D. F. D. M. de plusieurs Académies.

M. DCC. LXXXIV.

# REMARQUES

*Sur la conduite du sieur* MESMER, *de son Commis le P.* Hervier, *& de ses autres Adhérents ; où l'on tâche de venger la Médecine de leurs outrages.* A Messieurs * * *

Par M. J. D. F. D. M. de plusieurs Académies.

Messieurs,

Le nom du fameux Mesmer, & le bruit des cures merveilleuses qu'on lui attribue dans votre Ville, ont retenti jusqu'ici. J'en ai été d'autant plus surpris, que depuis long-tems le manège & l'artifice de cet habile Empirique sont connus. Mais le peuple est toujours difficile à désabuser. Les Empiriques ne l'ignorent pas ; ils savent qu'il adopte au contraire, sans réflexion & sans examen, tout ce qu'on lui présente de nouveau, pourvu qu'on lui annonce des avantages à recueillir, ou des merveilles à admirer.

Ils savent encore que parmi les hommes fort au-dessus du vulgaire, par leur rang, par leurs talens & par l'étendue de leurs connoissances,

214



il y en a qui se laissent prévenir pour des opinions, qui, n'ayant la plûpart du tems aucun rapport avec l'objet de leurs occupations ou de leurs études, leur sont tout à fait étrangeres; qu'ils les soutiennent cependant, après les avoir adoptées legérement, & les défendent avec chaleur, par la force du crédit, de l'autorité ou de l'éloquence: Aussi mettent-ils toute leur adresse, toute leur application, à acquérir des partisans de cette espèce; & c'est en quoi le sieur Mesmer réussit à merveille.

M. Court de Gebelin en fournit une forte preuve. Ce Savant a été conduit chez M. Mesmer par un ami commun, mais qui paroît avoir été bien plus dévoué aux intérêts du prétendu guérisseur qu'à ceux du malade. Car s'il n'eût considéré que le bien de celui-ci, n'étoit-il pas naturel, plutôt que de le livrer à un aventurier, de l'engager à donner sa confiance à des Médecins connus? N'auroit-il pas dû sur-tout lui reprocher son éloignement pour les remèdes, & son découragement pour des maux, dans le fond peu considérables & nullement dangereux, ainsi que la résolution qu'il avoit prise de se dévouer tranquillement à la mort, plutôt que de recourir à des remèdes, sous le prétexte imaginaire qu'il n'y en avoit point qui eussent de l'analogie avec les maux qu'il souffroit?

Au contraire cet ami prétendu le mène chez M. Mesmer, qui lui conseille un bandage pour raffermir ses jambes, & lui dit de le venir trouver.

Il le mesmérise enfin, & le guérit avec le tems des maux dont la médecine guérit tous les jours sans peine & sans beaucoup de remèdes.

De là ce Savant embouche la trompette, & publie les cures de Mesmer sur lui & sur d'autres, avec un enthousiasme si excessivement outré, que, si on n'étoit retenu par l'estime que ses travaux littéraires lui ont méritée, on seroit tenté de le croire intéressé ou associé aux succès du sieur Mesmer; & je crains bien que plusieurs de ses souscripteurs, qui, en lisant la lettre qu'il leur adresse, le verront se passionner si fortement pour une opinion sur de si légers fondemens & la défendre avec tant de chaleur, ne pensent qu'il pourroit bien tomber dans le même inconvénient dans son monde primitif, où il doit se présenter souvent des objets de discussion qui demanderoient un homme moins susceptible de prévention; & déjà nous voyons un effet bien marqué de cette disposition de son esprit, dans cette lettre où il prétend que le Magnetisme animal, cet être imaginaire, se fit sentir aux prémières Sociétés, qu'elles en ont joui, & que c'est à ses influences que les générations primitives dûrent ces jours longs & heureux, si vantés dans l'histoire.

De là il semble naturel de conclurre que, par le moyen de ce Magnétisme, nous allons recouvrer ces jours longs & heureux des anciens Patriarches. M Gebelin s'en flatte sans doute, car l'univers, dit-il, va être régénéré; nous vivrons jusqu'au terme le plus reculé, exempts, pendant cette longue durée, des langueurs & des souffrances : Pour nos enfans ce sera bien autre chose, ils n'auront plus qu'a jouir, & des roses à cueillir. Toutes ces idées chimériques, le produit d'une imagination exaltée, ou plutôt égarée, ne sont elles pas bien capables de faire perdre la confiance qu'on pourroit avoir pour un Auteur?

La prévention de M. Gebelin éclate bien plus encore dans l'avantage qu'il pretend tirer en faveur de Mesmer, de l'audace qu'il a eue de proposer à la Faculté de Médecine de Paris, de traiter avec elle d'égal à égal. M. Gebelin, aveuglé par son penchant, n'a pas vu combien cette prétention étoit impertinente, de la part d'un aventurier, chassé de Vienne & d'autres Villes d'Allémagne, parce qu'il travailloit à séduire & tromper le Peuple, par une supercherie de charlatan, en faisant un mystère d'une opération connue, que M. Mauduit, MM. Comus & mille autres font tous les jours publiquement dans Paris, & autres Villes de ce Royaume & de l'Europe entiere.

Le P. Hervier a adopté les belles chimères de M. Gebelin & les a même exagérées; il a poussé plus loin l'adulation; selon lui le Docteur Mesmer est un homme divin, un vrai thaumaturge; & j'ai été, on ne peut pas plus, indigné de voir un Prêtre, un Moine, un Prédicateur devenu publiquement le panégyriste & le fauteur d'un Empirique, banni de sa Patrie pour avoir entrepris de troubler l'ordre de la Société, en proposant des moyens extraordinaires & surnaturels de guérir toute sorte de maladies, méthode ordinaire de la plûpart des charlatans. J'ai été bien surpris en même temps, d'entendre que dans une Ville, qui a toujours eu la réputation d'être administrée par des Magistrats sages, éclairés, vigilans, cet homme ait eu l'audace d'insulter & d'outrager publiquement, dans une brochure satyrique, pleine de contradictions & de mensonges, les Médecins & tous les différents Corps qui professent avec eux les différentes branches de l'art de guérir. J'ai été plus surpris encore de voir, qu'au préjudice de la religion, il fut permis à ce Moine audacieux d'abuser de la mission & du talent de la Chaire, pour séduire & tromper le peuple, & pour offenser des citoyens respectables. Je ne l'ai pas été moins de voir cette brochure impudente, dont l'objet unique est de présenter des appâts & de tendre des piéges à la crédulité du peuple, imprimée & débitée publiquement.

Le P. Hervier, pour justifier en quelque sorte son entreprise, prétend avoir été sollicité d'écrire au sieur Mesmer, de la part des habitans de votre Ville, pour lui demander sa mission & la faculté de les faire participer aux avantages de la doctrine mesmérienne. Mais qui sont ces habitans? Ce sont sans doute de prétendues dévotes qu'il a instruites & dressées pour les emmener à ses fins. Ce sont des hommes simples ou vaporeux, dont les nerfs & le cerveau ont été tendus, roidis par des

218



veilles exceſſives, par des travaux forcés, ou par des débauches outrées, deſquels il aura extorqué le conſentement par des promeſſes de guériſon, avec les ruſes & les fineſſes d'un charlatan. En conſéquence il a, dit-il, écrit au Docteur Meſmer qu'il trouveroit des hommes dignes de profiter de ſes leçons dans votre Ville, où la plûpart des Médecins ſont venus lui rendre hommage, dans la perſonne de ſon élève. Qui ſont donc ces Médecins ? J'ai trop bonne opinion des Médecins de cette Faculté, pour ajouter foi à cette allégation. Ce n'eſt pas qu'il ne puiſſe y avoir quelque Médecin jeune, ſans expérience, ignorant les ruſes & le manège de l'empiriſme, qui ſe ſoit laiſſé ſéduire par les promeſſes d'un Moine; il peut y avoir encore quelque Médecin dont la ſanté ruinée & la raiſon affoiblie l'auront diſpoſé à ſe laiſſer prendre aux diſcours ſéducteurs du Prédicateur; mais il eſt impoſſible que des Médecins qui ont quelque expérience, ou des Médecins en ſanté & ſains d'entendement, ſoient dupes d'un pareil empiriſme.

Permettez-moi, Meſſieurs, de vous repréſenter le danger de pareilles entrepriſes, & combien il importe d'en arrêter le cours. Le peuple, vous le ſavez, eſt foible & ignorant; c'eſt une proie facile, que les Empiriques de toute eſpèce ſe propoſent pour but. Aſſocié à vos travaux littéraires, vous ne déſaprouverez pas, j'eſpère, que j'examine avec quelque attention la conduite du ſieur Meſmer & de ſon envoyé, & que je vous faſſe

part

219

part de mes obſervations ; le mal, comme le bien, ſe répand facilement de la Métropole dans les Villes qui lui ſont ſubordonnées : L'amour du bien & l'amour de la patrie me font un devoir de travailler à déſabuſer les perſonnes qui peuvent avoir été ſéduites par le verbiage du prédicateur, ou par la confiance qu'inſpire ſon miniſtère, & à tâcher de toutes mes forces d'arrêter le mal dans ſa ſource. Tel eſt, Meſſieurs, l'objet de ce diſcours.

Et d'abord, Meſſieurs, pour vous faire connoître toute l'indignation que doit inſpirer la conduite du P. Hervier, je n'ai qu'à vous en faire un expoſé ſuccinct & fidèle, & à vous faire, en peu de mots, l'hiſtoire du fameux Empirique Meſmer, dont il a eu la baſſeſſe de ſe rendre le Commis.

Au reſte, Meſſieurs, vous pouvez ajoûter une entière confiance aux faits que je vais rapporter ; ils ſont tous fidélement tirés, 1.° du Précis du ſieur Meſmer lui-même, ſur le Magnetiſme animal. 2.° De ſa Lettre à M. Philip, Doyen de la Faculté de Médecine de Paris. 3.° Des Obſervations ſur le Magnetiſme, publiées par M. Deſlon, dans le tems où M. Meſmer *le regardoit comme un ami sûr, & dont il ne lui convenoit pas de ſe défier ; attendu*, dit-il, *qu'il ne néglige aucune occaſion de publier avec éclat ſon dévouement à ma cauſe, & ſon zèle pour le progrès de mes opinions.* 4.° De la lettre de M. Court de Gebelin à ſes ſouſcripteurs. 5.° De la brochure du P. Hervier, imprimée par le ſieur Palandre ; 6.° enfin

2'20



des Journaux & des Gazettes de Médecine.

Dans tous les différens ouvrages, émanés de M. Mesmer & de ses partisans, on ne trouve que des propositions folles, extravagantes, mensongeres, & des contradictions continuelles, qui justifient le proverbe, *oportet mendacem esse memorem :* mais ces sortes de gens n'écrivent que pour le peuple ; ils savent bien qu'ils seront toujours, quelque chose qu'ils fassent, méprisés des gens qui pensent sensément.

Le P. Hervier, pour exalter les talens, le mérite & la science de son commettant, rapporte qu'ayant été affecté d'une maladie de nerfs, pour s'être livré à une étude forcée & à des veilles excessives, il essaya d'y remédier par des dissipations de toute espèce, par des voyages, par des bains, par l'usage des eaux minérales ; mais que ces moyens ayant été insuffisans, il s'adressa au Docteur Mesmer, & qu'ayant été mesmérisé pendant six semaines, il fut guéri.

Observons que le P. Hervier, qui depuis longtemps, étoit occupé à se distraire par des voyages, par des bains, par la fréquentation des eaux minérales, ne devoit pas avoir une maladie bien grave ; observons sur-tout que pendant tout ce tems, il avoit été loin de son cabinet, & par-là avoit ôté la cause de son mal. Il devoit, par cette raison, être bien près de sa guérison.

Observons encore que M. Gebelin étoit à peu prés dans le même cas du P. Hervier ; il menoit de tout tems une vie sédentaire & très-appliquée ;

l'étendue de ſes ouvrages, les lectures infinies & les veilles qu'ils doivent lui avoir coûté, en donnent la preuve. A celà s'étoit jointe une fluxion ſur les yeux, qui fut guérie par le repos, par des eaux & des bains. A peine étoit-il guéri, qu'il reçut une plaie à la jambe, laquelle n'étoit pas plutôt parvenue au terme de ſa guériſon, qu'elle fut renouvellée par de nouveaux accidents, juſqu'à trois fois; on ſent combien cela dut ajouter à la rigidité de ſes nerfs & aigrir ſon humeur. Alors des froncles s'emparerent de ſa jambe & ſe renouvellerent pendant trois mois; la jambe & la cuiſſe enflerent; il ne put plus marcher: cela ſans doute ajouta beaucoup à ſon inquiétude; les vents en furent la ſuite: il n'oſoit manger, par la crainte de les rendre plus incommodes. Ajoutez à ces accidens multipliés, & dans le fond très-peu dangereux, le défaut de confiance dans les Médecins & dans les remèdes, & enfin le déſeſpoir, qui s'étoit emparé de ſon eſprit; tout cela faiſoit un ſujet d'autant plus meſmériſable, que Meſmer promettoit de guérir ſans remedes. Nous verrons cependant bientôt que ce Docteur emploie les remedes ordinaires, tout comme les Médecins; mais au moyen de ſes tours de paſſe-paſſe, il s'accommode au foible des malades qui les ont en horreur, & le leur fait prendre ou avaler, ſans qu'ils s'en apperçoivent; pour mieux réuſſir, il blâme les Médecins d'ordonner la diette aux malades: elle eſt, dit-il, oppoſée à la nature, parce que ſans ceſſe elle a beſoin de réparer ſes

222



pertes : Il fait donc manger, & ſans doute avaler des remedes avec les aliments. Les Médecins ne défendent point de manger aux malades qui, comme ceux qui s'adreſſent à lui, n'ont point de fièvre, & dont le mal ne conſiſte que dans l'affection des nerfs & de l'imagination. Ils font également avaler des remedes à l'inſçu des malades ; mais ils n'en font pas un myſtère, comme les charlatans.

Le Docteur Meſmer, au rapport de M. Gebelin, a tenu chez lui une Dame pendant trois jours, ſans rien manger ; & à la fin du troiſième jour, il lui fit prendre une ſoupe au riz ; une autre fut pendant neuf jours dans une abſtinence auſſi abſolue, après leſquels il lui fit donner deux œufs frais avec des mouillettes : les Médecins ont-ils jamais employé des moyens auſſi violents ? Avec quelle avidité ces perſonnes doivent-elles avaler les alimens qui leur ſont préſentés, dans de telles circonſtances, & quelle facilité n'ont pas alors les Empiriques de faire avaler les remedes qu'ils jugent à propos ?

Pluſieurs Médecins, tant de Paris que des Provinces, ont été curieux de voir opérer le ſieur Meſmer, & de connoître ſa doctrine ; mais ils n'en ont jamais rapporté que des propos obſcurs, des reponſes vagues, ou cette aſſertion poſitive : *Je guéris par l'action du Magnétiſme animal ; j'ai beſoin d'élèves, & non pas de Juges* ; Il ne parle que du don qu'il a reçu de rétablir le cours & les opérations de ce Magnétiſme ; ainſi il leur a été impoſſible de rien apprendre de lui.

Quatre de ces Médecins ont été aſſez courageux, pour, pendant quatre mois & demi, ſe rendre exactement chez le ſieur Meſmer, y examiner les malades qui ſe rendoient chez lui, & être témoin des effets que le tact & les geſtes de cet homme produiſoient en eux ; ils ont vu exciter des ſecouſſes, des mouvemens violens, convulſifs, des douleurs aigues, des défaillances, &c. mais ces opérations ne les étonnoient pas, parce qu'ils les voyoient journellement excitées dans la Capitale, par une autre cauſe que le Magnétiſme animal.

Quand ils ont été interrogés s'ils avoient vu quelques malades véritablement guéris, un a conſtamment gardé le ſilence ; deux ont répondu qu'ils avoient reconnu quelques accidens diminués, mais qu'ils n'avoient vu aucune guériſon. M. Gebelin conclud de là que ce rapport prouve les ſuccès de M. Meſmer ; que doit-on penſer de ſa logique, lorſqu'il tire de pareilles conſéquences ? Celui qui avoit introduit les trois autres, a toujours prétendu avoit vu de guériſons ; c'eſt M. Deſlon : en conſéquence il s'eſt attaché au char de M. Meſmer ; il a loué ſes vertus, ſes connoiſſances extraordinaires; il opére, dit-il, par la vue, par l'attouchement : ces deux ſens ſont les conducteurs du Magnétiſme animal, qui ſe communique encore par les glaces & par le ſon. Cet élève, plein de zèle, a ſacrifié ſon temps & ſes reſſources à conduire chez lui des ſujets propres à être meſmériſés ; il n'a ceſſé de lui rendre

224



d'autres ſecours importans. Le ſieur Meſmer pour tous ces ſervices ne rendoit que des louanges; M. Deſlon étoit, diſoit-il, le Médecin le plus inſtruit, le plus éclairé, le plus honnête; mais quelque confiance que Meſmer lui témoignât, il ſoutient qu'il ne lui a jamais confié ſon ſecret, & qu'il en impoſe au public, lorſqu'il l'aſſure qu'il trouvera chez lui tout ce qu'il pourroit attendre de Meſmer lui même. Mais au lieu de déclamer contre M. Deſlon, ne devroit-il pas plutôt ſe glorifier d'avoir formé un tel élève; en effet les eſſais de M. Deſlon ſont des coups de maître; il fait tous les jours des merveilles. M. Meſmer devoit, dit-il, prendre des précautions infinies pour choiſir ſes éléves, il trembloit de leur découvrir la grande découverte, il eſt plus heureux qu'il ne l'eſpéroit; un ſujet digne de lui l'a pénétré; il ne doit cependant pas craindre pour ſon ſécret; M. Deſlon le gardera tout auſſi-bien que M. Meſmer: en le révélant, il détruiroit le charme qui fonde ſes eſpérances.

Du rapport de tous les Médecins, qui en différents temps ont aſſiſté à ſes opérations, & de celui des malades qui avoient été meſmériſés, il réſulte que le ſieur Meſmer emploie un appareil très-propre à étonner, à frapper l'imagination, & à cauſer des révolutions dans le ſyſtème des nerfs; tels ſont des attouchemens inſolites, qui, dans le ſexe ſur-tout, excitent des émotions ſenſibles, ou douloureuſes; il touche encore avec des baguettes de fer, qui cauſent des commotions plus ou moins violentes, qui quelquefois vont jusqu'a la défaillance, & même jusqu'à la perte de connoissance. Il a, dans le sanctuaire où il opére ces merveilles, une table mystérieuse bien couverte, de laquelle partent un nombre de baguettes de fer, desquelles les malades doivent approcher, & y appliquer certaines parties, selon les intentions du Docteur. Il emploie aussi la symphonie, il joue de l'Harmonica, du Forte-piano; il se couche auprès des malades sur un même lit; & l'on sent combien cette manière de mesmériser, par un homme qui a une tête de feu & un corps de fer, doit être efficace dans certaines occasions: Il emploie aussi les remedes ordinaires de la Médecine, l'émétique, les purgatifs, les diurétiques, les fébrifuges; il fait saigner jusqu'à trois fois les mêmes malades; il prétend à la vérité que les remedes n'opérent qu'au moyen du Magnétisme animal, que lui seul sait diriger, renforcer, & mettre en action. M. Mesmer, considérant que tous ces différens moyens sont quelquefois impuissans, a la précaution de se réserver une porte de derriere, à l'exemple des autres Empiriques, pour parer aux objections ou aux reproches qu'on peut lui faire sur le mauvais succès de sa méthode, qui n'est pas toujours aussi efficace que lui & son envoyé le publient; ainsi lorsqu'il rencontre des imaginations fortes, difficiles à ébranler par ces différentes manœuvres, il répond qu'il y a des personnes qui ont une propriété tellement opposée à son principe, que leur seule présence détruit tous les effets du Magnétisme animal.

226



Quand on lui reproche de faire un ſecret de ſa découverte ſi précieuſe, ſi utile au genre humain, puiſque, ſelon lui & ſes partiſans, elle doit le garantir de toutes maladies, & le conduire à l'extrême vieilleſſe, exempt de toute infirmité, & en quelque ſorte le rajeunir, il répond qu'il ne trouve point des perſonnes aptes à recevoir ſes leçons; qu'il lui faut des hommes pleins de probité & de lumières; tantôt qu'il ne veut que des élèves & point des juges; tantôt qu'il n'y a pas encore des termes, dans aucune langue connue, propres à expliquer ce Magnétiſme animal.

Il oſe ſe comparer & ſe préférer même aux plus grands hommes par leur découvertes, parce qu'il ſe prétend Auteur auſſi d'une découverte nouvelle, bien plus utile que les leurs; comme s'il étoit le premier Empirique qui eut entrepris de tromper le peuple crédule par des moyens de cette eſpece. Il y en a cependant un à Londres, nommé M. Graham, qui peut le lui diſputer: car outre qu'il joue de l'Harmonica, & qu'il fait les mêmes tours de paſſe-paſſe, il a de plus des lits céleſtes Magnético-électriques, dans leſquels il enchaîne des hommes impuiſſans & des femmes ſtériles, par des liens magiques-prolifiques. On en a vu un autre à Rochefort, qui par des attouchemens & des baguettes faiſoit les mêmes effets, & excitoit les mêmes commotions: On a vu auſſi à Paris, avant l'arrivée de Meſmer, un autre faiſeur de miracles, chez qui les malades ſe rendoient en foule; il prétendoit guérir les ſourds, les aveugles, les boiteux,

les

227



les muets, par le ſimple attouchement; mais il ne ſavoit pas à la vérité ſe ſervir à propos, comme Meſmer, de l'Harmonica & de la baguette magique. Un Commiſſaire intelligent lui fit ce dilemme : *Ou vous rendez la vue aux aveugles*, lui dit-il, *ou vous ne la rendez pas; il y a dans la maiſon des Quinze-vingts des aveugles, où vous pouvez exercer vos talens, & alors les recompenſes ſuivront la réuſſite; mais ſi vous ne guériſſez pas, il faut quitter la Ville.* Il prit ce dernier parti.

Le ſieur Meſmer d'ailleurs eſt d'autant moins fondé à ſe comparer à ces ſavants illuſtres, qu'ils n'ont jamais fait myſtère de leurs découvertes; ils ont toujours procédé ouvertement, comme il convient à des ſavants vrais, ſincères & honnêtes : au lieu qu'il fait, autant qu'il peut, un ſecret de ſa manière d'enjoller le peuple; ce qui le met inconteſtablement au rang des charlatans; & Dieu le garde de tomber entre les mains d'un Commiſſaire auſſi zélé que celui dont nous venons de parler, il auroit bientôt le ſort de ſon prédéceſſeur : mais il a ſu ſe mettre à l'abri de ce danger.

M. Gebelin, dans ſa lettre à ſes ſouſcripteurs, déplore le ſort de ſon cher Meſmer; il étoit vivement mortifié de voir que cet homme, rare par ſes talents, étant poſſeſſeur du magnétiſme animal, fut tellement délaiſſé, que s'il n'avoit eu des reſſources particulières, cette précieuſe découverte alloit périr avec ſon auteur. Il doit donc être bien ſatisfait aujourd'hui qu'il le voit devenu

228



millionnaire, presque subitement, & qu'il peut se glorifier de s'être rendu, en tournant les têtes du peuple parisien, par le pompeux étalage qu'il a fait des admirables propriétés de son magnétisme, le principal auteur de ses prodigieux succès. Pour moi j'ai toujours regardé Mesmer comme un charlatan très-habile; & je n'ai jamais douté qu'il ne fît une fortune immense, dès qu'il étoit toléré dans Paris, & qu'il lui étoit permis de promettre aux riches & crédules Parisiens une vie de plusieurs siècles, exempte de toute souffrance & de toute infirmité. Et je suis aujourd'hui confirmé dans cette opinion par un article du Mercure de France, dont par parenthèse l'auteur me paroît un peu mesmérisé: on lit dans ce Mercure, 1er *Mai n.° 18*, que M. Mesmer vient de donner un cours de magnétisme animal à 104 personnes, qui lui ont donné chacune 100 louis, & qu'il n'a pas été plutôt fini, que 100 autres se sont présentées pour la même somme. Son habileté consiste 1.° à donner un prix excessif à ses leçons; car les Parisiens auront cru bonnement que la prétendue découverte étoit d'autant plus excellente qu'elle étoit plus chère. Elle consiste 2.° dans le moyen qu'il a trouvé de donner pour nouvelle, en la couvrant d'un peu de mystère, une chose connue, qu'on pratique & qu'on enseigne publiquement pour rien ou pour très-peu de chose dans plusieurs endroits de Paris & ailleurs. Elle consiste 3.° à avoir su éluder, sans inconvénient, l'offre de 30000tt, que le Gouvernement lui a faite pour son secret, qui n'ètant qu'un être imaginaire, l'auroit couvert de confusion ; car il a bien prévu qu'on ne lui auroit pas donné des imbéciles pour Commissaires, & que ceux-ci auroient facilement dévoilé son artifice.

M. Mesmer, le croiroit-on, lui qui se vante de conduire les hommes au dernier terme de la vieillesse, exempts de toutes maladies & de toute souffrance, s'est trouvé malade très-dangereusement sans s'en être apperçu ; il sentit pendant quelques jours un mal-aise général; il jugea à propos de s'examiner avec soin, il se trouva rempli d'obstructions, & courut le plus grand danger ; il se traita en ami, sans doute, & si bien que dans l'espace d'un mois il eut 4 ou 5 cents évacuations ; il n'en fixe pas le nombre ; cent évacuations de plus ou de moins, ne sont qu'une bagatelle pour cet homme de fer.

Le sieur Deslon fut aussi malade ; il avoit, comme le maître, des obstructions : il fut mesmérisé ; mais Mesmer ne put que pallier son mal, il lui prouva qu'il étoit incurable, & ses raisons lui parurent sans réplique, tant étoit grande alors la docilité du disciple.

Ici se présentent deux réflexions 1.° Comment le sieur Mesmer, qui est si plein de magnétisme animal, qu'il lui sort des mains & de tous les pores du corps, qui le manie sans cesse, qui le dirige à volonté, comment, dis-je, a-t-il pu contracter une maladie, qu'il guérit tous les jours par une vertu dont il est pénétré, & qu'il communique comme il lui plaît ? Et qu'a-t-il pu faire de plus pour ſe traiter ? Comment ajouter foi à ſes promeſſes & à celles du Moine impoſteur, quand ils nous aſſurent que chacun aura déſormais chez lui un remède infaillible, lequel ſe trouvera entre les mains de tous, qui les garantira de toute maladie, & les conduira au terme le plus reculé, exempts de toute ſouffrance ?

2.° Comment cette vertu toute-puiſſante du ſieur Meſmer, ſur les autres malades, a-t-elle été ſans force, ſans énergie ſur ſon diſciple bien aimé ? Pourquoi réſerve-t-il ce remède infaillible? Cela eſt d'autant plus remarquable, que le magnétiſme a opéré ſur lui, qu'on ne l'accuſe pas d'avoir une nature oppoſée à ce principe, & que cette maladie, bien-loin d'être incurable pour la Médecine ordinaire, céde tous les jours aux remèdes bien adminiſtrés. Que de bévues, que de contradictions dans les expoſés de Meſmer & de ſes adhérens !

Mais, ô inconſtance de l'homme ! ce diſciple chéri, l'objet des louanges du ſieur Meſmer, n'eſt plus pour lui qu'un objet de haine & d'animoſité. Ces liens d'amitié, qui paroiſſoient les unir, n'étoient donc point fondés ſur l'eſtime réciproque ? & leur objet étoit de ſe ſervir l'un de l'autre, pour leur avantage particulier ; c'étoit proprement entr'eux une affaire d'intérêt, une eſpèce de commerce. Meſmer regardoit Deſlon comme un aboyeur utile, qui le faiſoit valoir, en lui emmenant des ſujets propres à être meſmériſes ;

& Deslon espéroit de partager bientôt les profits qu'il lui procuroit, & cela étoit juste : *Ubi est onus, ibi debet esse emolumentum.*

Mesmer ingrat profitoit des soins, des secours, je dirois presque des bassesses de Deslon, & prétendoit le tenir toujours au rang des apprentifs ; celui-ci, qui depuis long-tems avoit deviné Mesmer, reconnut enfin qu'il ne se proposoit autre chose que de turlupiner ses élèves, & de s'en servir comme des êtres purement passifs, en leur persuadant qu'ils feroient avec le tems des choses merveilleuses, par les moyens qu'il leur indiqueroit successivement. Mais se gardant bien de leur communiquer son secret fondamental, auquel M. Deslon ne croyoit plus depuis long-tems, il comprit qu'il lui étoit aussi aisé qu'au maître d'ébranler les imaginations des malades, par les sons aigus de l'Harmonica, par le bruit & le poids des chaînes, par la matière électrique & magnétique, par des émanations stupéfiantes, par des appareils bizarres, des attouchemens insolites & autres singeries, qui font rire, heurler, pâmer de plaisir ou de douleur. En conséquence il entreprit de faire la Médecine d'imagination, comme Mesmer ; & bien loin que celui-ci dût s'en plaindre, n'auroit-il pas dû témoigner de la joie de se voir si bien représenté par son élève ? Mais il a craint que la concurrence de M. Deslon ne nuisît à ses intérêts, en diminuant le nombre de ses chalands ; & rien ne prouve mieux que le sieur Mesmer, comme tous ses confreres les charlatans, ne viſe qu'à la bourſe des badauts qui lui donnent leur confiance. Crainte vaine! Le nombre en eſt ſi grand, qu'il s'en trouvera toujours pour tous ceux qui voudront entreprendre d'en faire des dupes, dès-que le Gouvernement ou la Police n'auront pas l'attention de venir à leur ſecours pour les garantir de leurs embûches, comme on a fait à l'égard de Meſmer à Vienne & dans les principales ville d'Allemagne.

M. Deſlon ayant ſecoué le joug de M. Meſmer, celui-ci a cherché à le remplacer par quelqu'un dont il pût tirer les ſecours qu'il venoit de perdre; il a trouvé dans M. Gebelin un panégyriſte ardent, zélé & éloquent, & dans le P. Hervier un homme intriguant & ſans pudeur, deux hommes bien propres à le dédommager de la perte de M. Deſlon, & bien déterminés à faire valoir les talens de leur chef à tort & à travers, *per fas & nefas*.

Le P. Hervier, flatté de ſe voir recherché par un homme habile, fin & ruſé, s'eſt tout entier dévoué à ſon ſervice: dès lors il a entrepris d'étudier avec attention les principes du Magnétiſme animal en 27 articles, chef d'œuvre du maître, vrai galimatias, qui ne ſignifie rien. Ce ſyſtème cependant lui a paru, de-même qu'à M. Gebelin, renfermer la ſcience la plus ſublime; & cela, ſans doute, parce qu'il n'y a rien compris. Il lui eſt arrivé ce qui arrive tous les jours à la plûpart de ſes auditeurs, qui l'admirent d'autant plus qu'ils l'entendent moins. Mais comment Meſmer pourroit-il être compris ? Il n'exiſte point, dit-il, de langue dans laquelle le Magnétiſme animal puiſſe être exprimé.

Dès ce moment le P. Hervier ne fut plus occupé qu'à exalter le ſieur Meſmer ; il le repréſente comme employant des moyens divins, & les mêmes dont Dieu s'eſt ſervi pour former les ſubſtances ; il en connoît les loix, le mouvement, l'influence : peut-on rien ajouter de plus propre à tourner la tête des perſonnes foibles, & à mettre en mouvement toutes les forces de l'imagination ? Mais en même-tems y a-t-il rien de plus impie que d'oſer ainſi s'arroger le pouvoir du Créateur ? Et un Moine, un Prêtre, un Prédicateur qui raconte de pareilles extravagances, qui attribue une pareille puiſſance à un Empirique, ne doit-il pas être regardé comme un enthouſiaſte poſſédé du démon du fanatiſme ? ou plutôt comme un complice de toutes les fourberies du Jongleur, dont il ſe croit intéreſſé à faire valoir le manège, dans l'eſpérance d'être aſſocié à ſes fonctions & d'en partager les profits ? Et en effet il meſmériſe au milieu de vous, & prétend avoir été initié à tous les myſtères du Magnétiſme animal & opérer tous les prodiges meſmériens : ce qui contredit formellement l'aſſertion du ſieur Meſmer, qu'il n'exiſte point de langue dans laquelle on puiſſe exprimer ce Magnétiſme.

On aura, dit-il, déſormais chez ſoi & dans ſoi-même un remède infaillible, (témoin M. Deſlon, qui n'a pu être guéri) ; les glaces des appartemens répéteront la ſanté comme la lumière ; plus de remèdes inſipides, plus de coupes dégoutantes ; il n'y a qu'une vie, qu'une ſanté, qu'une maladie, qu'un remède, c'eſt le magnétiſme animal ; ce remède ſe trouve entre les mains de tous les hommes, avec la plus grande facilité ; on ne ſera plus expoſé à ces longues convaleſcences, par leſquelles on expie la confiance qu'on a donnée aux drogues : Selon ce Moine la nature va prendre une nouvelle forme ; plus de maladies, plus d'épidémies ; les femmes enfanteront ſans danger, elles mettront au monde des hommes plus forts, plus courageux ; elles leur donneront l'activité, l'énergie, les graces de l'homme primitif.

Ne vous ſemble-t-il pas, Meſſieurs, entendre un beau rêve, ou quelque fable d'Ovide ou de Virgile ?

*Novus ab integro ſeclorum naſcitur ordo.*
*Jam nova progenies cœlo demittitur alto.*

Ce n'eſt cependant pas tout ; les menſonges du P. Hervier ne ſont pas épuiſés. Cette révolution, dit-il, ne ſe bornera pas à l'homme ; elle s'étendra ſur les animaux & les végétaux ; les troupeaux multiplieront plus aiſément ; les végétaux auront plus de vertus ; ils produiront de plus beaux fruits. Pour preuve de ces faits, il a meſmériſé un arbre, & cet arbre a guéri les malades qui l'ont approché, & a donné des preuves d'une végétation extraordinaire.

Ce n'eſt pas ſans deſſein que le Moine exalte ſi fort les propriétés du Magnétiſme animal ; il a voulu

voulu faire naître le desir de l'acquérir ; & j'apprends que déjà plusieurs personnes se sont abonnées avec lui, pour apprendre la manière de le faire agir : ce qui fait couler chez lui des ruisseaux d'or à grands flots ; on dit même, ô infamie ! que parmi ces dupes il se trouve quelque Médecin.

Après avoir ainsi exalté les propriétés prétendues du magnétisme animal, il entreprend d'en expliquer la nature : c'est, dit-il, un fluide universel, distingué de celui de l'électricité. (Notez que le sieur Mesmer a travaillé long-tems sur l'électricité ; elle doit être regardée, dit-il, comme une cause de dissolution & de mort ; il cherche à donner le change.) Ce fluide universel, dit-il encore, pénétre tout, embrasse tout ; son mouvement ressemble à celui du flux & du reflux de la mer ; la connoissance de ce fluide offre un systême du monde, qui répond à toutes les difficultés ; & c'est le Docteur Mesmer qui a trouvé ce systême : il a découvert un agent universel, qui répand la vie & la santé ; ses phénomènes les plus frappans s'observent dans la Médecine, & c'est par elle qu'il en prouve les propriétés.

Remarquez, Messieurs, que tous les Empiriques, tous les Charlatans tournent toujours leurs vues du côté de la Médecine ; c'est là qu'ils sont assurés de trouver des dupes faciles, qui vont au-devant de l'appât qu'on leur prépare : tels sont les malades imaginaires, les hypocondriaques, les vaporeux. Et le Docteur Mesmer, comme ses confrères, adresse toujours ses promesses à des

2' 36



malades, qui puissent en aller recevoir les effets chez lui ; qui étant accoutumés à une vie languissante, & qui ayant éprouvé la lenteur des remèdes, ou qui les ont en horreur, se soumettent volontiers à des traitements de plusieurs mois ; en sorte qu'avec le talent de parler & de persuader, ils réussissent toujours à vuider la bourse de ces malades, qu'ils amusent par des belles paroles, jusqu'à ce qu'en partant ils les laissent dans le même ou pire etat que celui où ils les avoient trouvés.

L'Empirisme au reste n'est point le métier des sots ; il ne peut être exercé avec succès que par des gens habiles, pleins de ruses & de finesse, tels que M. Mesmer ; vous avez pu voir, Messieurs, & je l'ai vu moi-même autre fois, dans vos places publiques, où les charlatans, par des discours facétieux & pleins d'adresse, rassembloient un peuple immense, & lui persuadoient d'acheter leur Beaume & leur Orviétan ; j'ai vu, dis-je, souvent les plus célèbres de vos Orateurs, à leurs heures de recréation, ne pas rougir de se mettre au rang des Auditeurs, soit pour rire & s'égayer de leurs plaisanteries, soit pour y entendre leurs moyens de persuader, dont ils admiroient souvent la force & les succès.

Il y a bien des années qu'il passa aux environs de cette ville un charlatan d'une autre espéce ; il avoit assez de rapport avec le P. Hervier, il se faisoit appeller le Chevalier de St. Hubert ; il prétendoit avoir reçu du Ciel le don de guérir les malades de toute espèce ; il avoit des émissaires qui le précédoient, pour l'annoncer dans les endroits où il devoit paſſer ; il évitoit avec ſoin les Villes de quelque importance , dans la crainte, ſans doute , d'y trouver des hommes éclairés. Une foule de peuple de tout état ſe rendoit auprès de lui, pour y recevoir la guériſon qu'il promettoit ; les uns ſe retiroient, comme ils étoient venus ; c'étoit leur faute, ils n'avoient pas la foi : Quelques uns ſe perſuadoient avoir reçu du ſoulagement, leur imagination avoit été remuée ; d'autres ſe diſoient guéris, par la crainte de paſſer pour impies. Le Chevalier de * * * * *, Lieutenant de Roi à * * *, étoit boiteux à l'occaſion d'une luxation de ſa cuiſſe; il fut trouver le prétendu Saint au Château de * * * * * * ; après avoir été traité par le guériſſeur, celui-ci lui dit : vous êtes guéri, allez, donnez votre canne, & la remit à un de ces gens. Après le dîner le Chevalier de * * * * * voulut eſſayer de marcher, il ſe trouva auſſi boiteux qu'auparavant ; il reprit ſa canne, & traita le charlatan d'impoſteur : ce qui ſcandaliſa le peuple prévenu en faveur de ce fourbe, qui fut pendu quelque tems après.

Le P. Hervier peut compter ce Chevalier de St. Hubert au nombre de ſes prédéceſſeurs ; mais il paroît plus habile, le métier s'eſt perfectionné. Meſmer n'a rien eu de caché pour lui ; il a fait un miracle en ſa faveur : il a créé ſans doute une nouvelle langue, pour lui expliquer ſon magnétiſme animal. Mais où a-t-il étudié la théorie très-étendue & aſſez profonde qu'il faut ſavoir, dit M. Meſmer, pour ſe dire avec quelque vérité possesseur de sa doctrine ? Comment M. Mesmer qui a craint de confier ces connoissances à M. Deslon, parce qu'elles pouvoient devenir abusives, & qu'il y auroit de l'inconvénient à les divulguer avant qu'il fût dans des circonstances propres à dévélopper tout à la fois le système auquel elles appartiennent; comment, dis-je, a-t-il pu les confier au P. Hervier, qui, n'ayant aucune connoissance de la Médecine, est bien moins en état d'éviter les abus & les inconvénients, qu'un Médecin éclairé tel que M. Deslon ? Un instant cependant a suffi à cet adepte pour acquérir les connoissances de la Physique & de la Médecine ; cette science est, dit-il, sublime & simple ; il certifie qu'elle est inappréciable : elle embrasse tous les êtres de la nature, & la nature elle-même, dans ses fonctions les plus secretes.

Vous, Messieurs, qui, sans cesse occupés de la recherche de ses secrets, pouvez rarement vous flatter d'en dévoiler quelqu'un, vous pouvez juger quelle doit être la présomption & la fatuité de ce Moine, qui se vante d'avoir acquis tous ceux de la Physique & de la Médecine dans un instant.

Le sieur Mesmer, après avoir mis en mouvement tous ses agents pour élever l'édifice de son systême, travaille à décrier la Médecine en général, par leur ministere, pour s'établir sur ses ruines. Vous avez déjà vu les imputations que le P. Hervier ne cesse de faire contre les drogues qu'il appelle mensongeres, empoisonnées. Les plantes, dit-il encore, que l'erreur a inventées, ne seront plus destinées à passer dans les fourneaux de la chymie pour dégoûter les malades, sous prétexte de les guérir. Les hommes n'expieront plus dans des convalescences languissantes la malheureuse confiance qu'ils ont donnée aux drogues; & à ce propos il invoque J. J. Rousseau, détracteur comme lui de la Médecine. *Oh J. J.*, dit-il, *si tu vivois encore, tu verrois tes vœux s'accomplir, la Botanique délivrée de la tyrannie de la Médecine!* & ici il rapporte cette longue tirade où J. J. déclame contre la Médecine & les Médecins, par des sophismes qu'il a le talent d'orner & de couvrir de son éloquence séduisante.

Le P. Hervier regrete vivement que la Médecine ne soit pas exercée par des Prêtres; il se sent une grande vocation pour cet état. Il y auroit selon lui beaucoup à gagner pour l'humanité: car, dit-il, la plûpart des mourans que les Médecins nous abandonnent nous font frémir, par l'historique du traitement qu'ils ont éprouvé. Nous voyons, dit-il encore, les tristes effets de la Médecine ordinaire, dans les victimes qu'on nous délaisse; & souvent le plus difficile de notre ministère est de leur faire oublier qu'on les immole.

Voilà, Messieurs, les outrages que le P. Hervier se permet contre les Médecins. Reconnoissez-vous là le langage d'un Prédicateur de l'évangile, d'un sectateur de la charité chré-

240.



tienne, d'un fidéle interprête des Livres ſaints, qui dans pluſieurs endroits ordonnent aux Fidèles d'honorer les Médecins, & de mettre leur confiance dans la Médecine ? N'eſt-ce pas plutôt un Apoſtat, qui prend à tâche de combattre publiquement les conſeils & les préceptes de l'Écriture Sainte, & qui, pour mieux parvenir à ſes fins déteſtables, cite l'autorité d'un hérétique de profeſſion & ſes ouvrages, flétris & condamnés par un ſaint Archevêque & par les Arrêts du premier Parlement du Royaume ? Et n'eſt-ce pas une choſe bien ſurprenante que ce Moine ſoit autoriſé à prêcher & à répandre publiquement, par ſes diſcours & ſes écrits, une telle doctrine, au milieu d'une Ville catholique, en préſence d'un Archevêque & d'un Clergé reſpectables par l'étendue de leurs lumieres & par la pureté de leur doctrine ? Et en préſence de Magiſtrats récommandables par leur zèle & leur vigilance à maintenir le bon ordre dans la Ville confiée à leurs ſoins ? Sans doute qu'ils ont ignoré juſqu'à préſent les divers attentats de ce moine audacieux, auſſi bien que le métier, indigne de ſon état, qu'il exerce ; & il y a lieu d'eſpérer que les uns & les autres, inſtruits de la fauſſe doctrine qu'il débite dans la Ville, des eſcroqueries qu'il y commet, & des procédés injurieux par leſquels il travaille à rendre odieux & ſuſpects aux habitans une partie conſidérable de leurs concitoyens, reprimeront, chacun en ce qui le concerne, les entrepriſes téméraires & audacieuſes de ce Moine.

2A1

www.ingramcontent.com/pod-product-compliance
Ingram Content Group UK Ltd.
Pitfield, Milton Keynes, MK11 3LW, UK
UKHW021033260726
13994UKWH00005B/2115

9 782329 364209